बन्दी जीवन और अन्य कविताएँ

रज़ा फ़ाउण्डेशन | THE RAZA FOUNDATION

बन्दी जीवन और अन्य कविताएँ

अज्ञेय

अँग्रेज़ी से अनुवाद
नन्दकिशोर आचार्य

रज़ा पुस्तक माला : **कविता** | **अनुवाद**
प्रधान सम्पादक : अशोक वाजपेयी | सम्पादक : पीयूष दईया
राजकमल प्रकाशन प्रा.लि. और रज़ा फ़ाउण्डेशन का सह-प्रकाशन

ISBN-978-93-88933-73-5

मूल्य : ₹199

पहला संस्करण : 2019
This book is printed on **Print on Demand** Technology : 2025

प्रकाशक : राजकमल प्रकाशन प्रा. लि.
1-बी, नेताजी सुभाष मार्ग, दरियागंज
नई दिल्ली-110 002

शाखाएँ : अशोक राजपथ, साइंस कॉलेज के सामने, पटना-800 006
पहली मंज़िल, दरबारी बिल्डिंग, महात्मा गाँधी मार्ग, प्रयागराज-211 001
1, अनमोल सोराबजी संतुक लेन, धोबी तलाव, मरीन लाइंस, मुम्बई-400 002

वेबसाइट : www.rajkamalprakashan.com
ई-मेल : info@rajkamalprakashan.com

BANDI JEEVAN AUR ANYA KAVITAYEIN
(Poems) by Agyeya
Translated by Nandkishore Acharya

एल.आर. के लिए
जिन्हें प्रेम-कविताएँ नापसन्द थीं

आमुख

कलाओं में भारतीय आधुनिकता के एक मूर्धन्य सैयद हैदर रज़ा एक अथक और अनोखे चित्रकार तो थे ही उनकी अन्य कलाओं में भी गहरी दिलचस्पी थी। विशेषत: कविता और विचार में। वे हिन्दी को अपनी मातृभाषा मानते थे और हालाँकि उनका फ्रेंच और अँग्रेज़ी का ज्ञान और उन पर अधिकार गहरा था, वे, फ्रांस में साठ वर्ष बिताने के बाद भी, हिन्दी में रमे रहे। यह आकस्मिक नहीं है कि अपने कला-जीवन के उत्तरार्द्ध में उनके सभी चित्रों के शीर्षक हिन्दी में होते थे। वे संसार के श्रेष्ठ चित्रकारों में, २०-२१वीं सदियों में, शायद अकेले हैं जिन्होंने अपने सौ से अधिक चित्रों में देवनागरी में संस्कृत, हिन्दी और उर्दू कविता में पंक्तियाँ अंकित कीं। बरसों तक मैं जब उनके साथ कुछ समय पेरिस में बिताने जाता था तो उनके इसरार पर अपने साथ नवप्रकाशित हिन्दी कविता की पुस्तकें ले जाता था : उनके पुस्तक-संग्रह में, जो अब दिल्ली स्थित रज़ा अभिलेखागार का एक हिस्सा है, हिन्दी कविता का एक बड़ा संग्रह शामिल था।

रज़ा की एक चिन्ता यह भी थी कि हिन्दी में कई विषयों में अच्छी पुस्तकों की कमी है। विशेषत: कलाओं और विचार आदि को लेकर। वे चाहते थे कि हमें कुछ पहल करनी चाहिये। २०१६ में साढ़े चौरानवे वर्ष की आयु में उनकी मृत्यु के बाद रज़ा फ़ाउण्डेशन ने उनकी इच्छा का सम्मान करते हुए हिन्दी में कुछ नयी क़िस्म की पुस्तकें प्रकाशित करने की पहल *रज़ा पुस्तक माला* के रूप में की है, जिनमें कुछ अप्राप्य पूर्व प्रकाशित पुस्तकों का पुनर्प्रकाशन भी शामिल है। उनमें गाँधी, संस्कृति-

चिन्तन, संवाद, भारतीय भाषाओं से विशेषत: कला-चिन्तन के हिन्दी अनुवाद, कविता आदि की पुस्तकें शामिल की जा रही हैं।

अज्ञेय हिन्दी के उन बिरले लेखकों में से हैं जिनका हिन्दी के अलावा अँग्रेज़ी, बाङ्ला आदि कई भाषाओं पर समान अधिकार था। उन्होंने सीधे अँग्रेज़ी में कई आलोचनात्मक निबन्ध लिखे और एक समय कविताएँ भी। १९३३-३८ के बीच लिखी गयी अज्ञेय की अँग्रेज़ी कविताएँ 'प्रिज़न डेज़ एण्ड अदर पोएम्स' के नाम से पुस्तकाकार प्रकाशित भी हुईं थीं जिनकी भूमिका जवाहरलाल नेहरू ने लिखी थी। हिन्दी कवि-विचारक नन्दकिशोर आचार्य ने इन कविताओं का हिन्दी अनुवाद करते हुए यह ख़याल रखा है कि अनुवाद अज्ञेय की समवर्ती कविता-भाषा में हो। हमें *रज़ा पुस्तक माला* के अन्तर्गत यह संग्रह प्रकाशित करते हुए प्रसन्नता है।

अशोक वाजपेयी

जुलाई २०१९, नयी दिल्ली

भूमिका

कई महीनों से इन कविताओं की पाण्डुलिपि मुझे लगातार अपने वादे की याद दिलाती हुई मेरे पास थी कि मुझे भूमिका के रूप में कुछ लिखना है। इस दौरान मैंने कई विषयों पर लिखा है, लेकिन यह भूमिका लिखना मेरे लिए अजीब तरह से मुश्किल रहा। मैं कविता का निर्णायक अथवा आलोचक नहीं हूँ, इसलिये कुछ हिचकिचाहट थी। लेकिन मैं कविता से प्यार करता हूँ और इन छोटी कविताओं में से कई ने मुझे बहुत प्रभावित किया। वे मेरी स्मृति में अटक गयीं और उन्होंने मेरे जेल-जीवन की यादें ताज़ा कर दीं—और उस अजीब और भुतही दुनिया की भी, जिसमें समाज द्वारा अपराधी मानकर बहिष्कृत लोग अपनी तंग और सीमित ज़िन्दगी को प्यार करते थे। वहाँ हत्यारे थे, डाकू और चोर भी थे, लेकिन हम सब जेल की उस दुःखभरी दुनिया में साथ-साथ थे, हमारे बीच एक जज़्बाती रिश्ता था। अपनी एकाकी कोठरियों में ही हम चहलक़दमी करते—पाँच नपे-तुले क़दम इस तरफ़ और पाँच नपे-तुले क़दम वापस, और दुःख से संवाद करते रहते। दोस्त-अहबाब और आसरा ख़यालों में ही मिलता और कल्पना के जादुई कालीन पर ही हम अपने माहौल से उड़ पाते। हम दोहरी ज़िन्दगी जी रहे थे—जेल की ज़ेरेहुक्म और तंग, बन्द और वर्जित ज़िन्दगी और जज़्बात की, अपने सपनों और कल्पनाओं, उम्मीदों और अरमानों की आज़ाद दुनिया।

उन सपनों का बहुत–सा इन कविताओं में है, उस ललक का जब बाँहें उसके लिये फैलती हैं जो नहीं है और एक ख़ालीपन हाथ आता है। कुछ वह शान्ति और तसल्ली जिन्हें हम उस दु:खभरी दुनिया में भी किसी तरह पा लेते थे। कल की उम्मीद हमेशा थी, कल जो शायद हमें आज़ादी दे। इसलिये मैं इन कविताओं को पढ़ने की सलाह देता हूँ और शायद वे मेरी ही तरह दूसरों को भी प्रभावित करेंगी।

—जवाहरलाल नेहरू

इलाहाबाद
अक्तूबर, १९३८

कवि का वक्तव्य

ये कविताएँ १९३३-३८ के बीच अलग-अलग अवधि में लिखी गयी थीं—कुछ थोड़ा अभी की भी हैं। प्रकाशन का विचार कई बार बना, लेकिन कई कारणों से टलता रहा। लगभग एक दर्जन कविताएँ कोई चार बार वर्ष पहले 'एसिया' (न्यूयॉर्क) में प्रकाशित हुई थीं।

लेखक अँग्रेज़ी भाषा या काव्य-कौशल पर अधिकार का कोई दावा नहीं करता। प्रकाशन का एकमात्र कारण यही है कि ये कविताएँ उन लोगों में एक प्रतिसंवेदनात्मक स्वरसंघात जाग्रत कर सकेंगी, जो समान अनुभवों में से गुज़रे हैं—और हमारे देश में ऐसे लोगों की संख्या इतनी तो है ही कि कोई लेखक उन्हें अपना सम्भावित पाठक समझने का सन्तोष पाल सके।

मैं श्रीमती मिरियम बेनाड, श्रीमती गर्ट्रयूड सेन, दिवंगत रेवरेंड सी.एफ. एण्ड्रयूज और पण्डित जवाहरलाल नेहरू से मिले प्रोत्साहन और सहायता का कृतज्ञ स्मरण करता हूँ।

मैं डॉ. एफ.एल. लीविस, श्रीमती सोफिया वाडिया, कुमारी भारती साराभाई और मेजर एस.एफ. बोल्ट की उपयोगी समीक्षा और सुझावों के लिए भी आभारी हूँ।

क्रम

बन्दी जीवन

अन्य कविताएँ

बन्दी जीवन

बन्दी

मैं
जो बन्दी हूँ
आनन्दित गाता हूँ
मुक्ति के गीत :
अस्फुट स्वर में कटती जाती हैं
बेड़ियाँ मेरी—
''पूर्ण हो तुम
स्वतन्त्र हो
प्रतीक हैं बन्धन तुम्हारे सब
बन्धुओं की मुक्ति के''

तुम जो स्वतन्त्र हो
चिल्लाते हो अनवरत
भयभीत :
''क़ैद में रखना होगा इसे
अन्यथा मर जायेंगे हम।''

आगमन

खुलता है लौह द्वार, अदीठ,
कसी हुई हथकड़ियों की आवाज़
मैंने नहीं देखा तुम्हारा चेहरा
बन्धु, पर जानते हैं तुम्हें
मेरी आँखों के आँसू।

नहीं मिला हक़ हमें—
हमारी ताक़त है ये हाथ उठे हुए
निवेदन में नहीं
हाँ, संघर्ष में :
ये हाथ बेड़ियाँ लोहे की जिन पर
कस दी हैं उन्होंने।

दरवाज़ें बन्द कर दें वे
पर सलाखों के पार
तारे चमकते हैं सदा,
अन्ततः उन में
विजय होगी हमारी
तुम्हारी और मेरी, बन्धु!
स्मरण रखना।

सलाखें आमने-सामने

सलाखें आमने-सामने
दो कोठरियाँ
और हम दोनों को नहलाता
सवेरे-सवेरे
प्रसन्नचित्त, लाल सूरज।

चेहरा नहीं देख पाता तुम्हारा मैं
इतने दूर हो तुम
गाऊँ भी अगर तो नहीं पहुँचेगा
तुम्हारे पास मेरा स्वर
हिला कर हाथ अभिवादन करूँ जो
कौंध सूरज की
देखने नहीं देगी तुम्हें।
मैंने जाना नहीं है तुम को
हर धड़कन के साथ
लेकिन कोई आवाज़ कहती है
''वह भी धड़कता है।''

आमने-सामने की सलाखें हैं
जीवन यह सारा
हर सवेरे लेकिन

जान लें यदि हम
एक ही लय में धड़कता है
अन्य का भी हृदय
तो क्या चमकता नहीं रहेगा सदा
प्रसन्न लाल सूरज
अनन्त के हर सवेरे।

जब कमल खिलता है

इन्हीं दिनों जब कमल खिलता है
मेरे घर के पास
परित्यक्त बग़ीचे में
बहुत दूर।
परित्यक्त, हाँ
और बहुत ही दूर।

और मेरे पीछे है
पूरे साम्राज्य की ताक़त
परित्यक्त नहीं हूँ मैं।

कमल
एक निर्मलता का विस्तार
मुक्त आकाश

माप कर पाँच क़दम इस ओर
पाँच क़दम उस ओर
कारागार।

मिट्टी का डला

मिट्टी हूँ मैं
ईश्वरीय नंगेपन में अरूप
तुम मुझे रूप में ढालोगे
और कलश बना दोगे
गहरी बैंगनी आभा सुनहरी रेखाओं वाला
श्वेत कलश
कोमल, शीतल गोलाई
रानी के होंठों की ख़ातिर
पादपों की ख़ातिर नहीं।
सज्जित और अलंकृत
बैंगनी और सुनहरा—
निष्प्राण।

मेरा नंगापन जीवेषणा से भरा
आकांक्षा, पीड़ा, क्षोभ
और जनमा एक पादप
जीवन की साँसें नहीं लेते हैं
रानी के होंठ
मैं मिट्टी हूँ—नंगी और जंगली
पर मिट्टी होने के कारण पृथ्वी हूँ
मैं माँ हूँ, पिता हूँ

मूल हूँ मैं।
न आओ मेरे निकट
अजनबी गर्व में मदमत्त
मैं अपने गौरव में हूँ।

वसीयत

नियति नष्ट करती है
लेकिन जिजीविषा मानव की
ललकारती है उसे।

तुम गुज़र सकते हो
किसी चट्टान के नीचे से
चट्टान लेकिन
नहीं गुज़र सकती
ऊपर से तुम्हारे।

सागर का उत्तर

चिढ़ाती है भूमि ''रे सागर,
पृथ्वी का तीन-चौथाई चेहरा हो तुम
लेकिन मैं बाँधे हूँ तुम्हें
करती हूँ सीमित और परिभाषित
मुझ से जाने जाते हो तुम।''

सागर अट्टहास करता है
''जिस दिन होऊँगा मैं
तुम्हारे प्रश्न का उत्तर—
तुम नहीं दिखोगी कहीं।''

गिरी है बर्फ़

कभी जब बचपन में
आकाश झुक आता अचानक
हौले-से गड़गड़ाता हुआ
गुज़रता कोई शीतल हवा का झोंका
मानो खोजता हो कुछ
पिता सूँघते हवा
कहते ठण्डे स्वर में—
"ऊपर पहाड़ों में गिरी है बर्फ़।"

मुझे याद है :
और अचानक आज
कोई छाया जब फीकी कर देती है
चमक मेरी घिसी बेड़ियों की
देखता हूँ ऊपर घिर आते
बादलों का ढेर
फटे दूध जैसा
गुज़रती है हवा बासी
कोठरी के दरवाज़े से मोरी तक
शीतल नहीं, केवल सीली—

मैं भी देख कर ऊपर
सूँघ कर हवा
कहता हूँ बनावटी ठण्डेपन से
''ऊपर पहाड़ों में गिरी है बर्फ़।''

पुनर्जन्म

सुना है मैंने
दूर देशों में कहीं
किसी के मर जाने पर
वे निकाल लेते हैं उसका हृदय
देह को जला देते
किन्तु हृदय को गाड़ देते हैं।

ऐसा भी हो यदि
वही हो नियति मेरी
मरने दो मुझे क्रूस पर
आग में,
मर जाने, नष्ट हो जाने
केवल गड़ा रहने दो मेरा हृदय
विस्मृत,
कहीं गहरे गड़ा, अदीठ
गड़ा और रक्तस्रावी
आह! फिर भी
किसी अकल्पित पुनर्जन्म की
प्रतीक्षा में है।

आँधी

दूर पश्चिम के मटमैले आकाश में
छोटा-सा वह धब्बा
अपने में घूर्णित
सन्तप्त
बेड़ियों में जकड़ी ज्यों आत्मा कोई

लगा बुझ गयी है चिनगारी
मेरे भीतर की
—जीवन-शक्ति मेरी चुक गयी है—
एषणा वह
जिसके लिये यह सब...

पर आज
अनगिन लपलपाती जिह्वाओं वाली
पीली आँधी पीटती है
सलाखें, बेड़ियाँ, गोले, पत्थर की कोठरियाँ
ठप्पे हैं मानव रक्त के जिन पर
एक उन्माद गड़ाता हुआ
अपने मैले दाँत
मानवता के व्रण-चिह्नों में।

कुछ भी मरा नहीं है मुझ में
अस्तित्व पुनर्जीवित करता है सदा
मर नहीं सकता मैं
पीड़ा जो बसती है मुझ में।

एक और वसन्त

फिर वसन्त आया है
एक और वसन्त
जियूँगा मैं इसे बन्दी—
एक निष्प्राण विधि की
निस्सार जकड़ में क़ैद।
फिर युवा होगा विश्व—
मैं तो युवा रहा हूँ सदा।

बाहर गा रही है कोयल
सन्तप्त स्वर में ठहर-ठहर कर
सोयी कोमल यादें।
उष्ण हवा जब-तब
उड़ा ले आती है
सूखे शिरीष की कलगी।

सम्बन्ध

मैं लड़ता हूँ तुम से
करता हूँ प्रहार तुम पर
मार दे सकता हूँ मैं तुम्हें
अपने नंगे हाथों से केवल
क्योंकि घृणा करता हूँ मैं तुम से।

मेरे अन्तर्तम में लेकिन
तुम बन्धु हो मेरे
विष में डूबी है लेखनी मेरी
पर नसों में नहीं बहता विष।

दुर्ग

तुम हो ठीक वैसे ही
जैसे मैं

कुछ हैं जो तुम से घृणा करते हैं
पर तुम्हें जानने की कोई परवाह नहीं करते
कुछ तुम्हें जानते हैं
उनमें लेकिन नहीं घृणा का साहस।

हम कहते हैं तुमको 'कपट'
पर कपट हमारे मनों में भी है।

तुम शत्रु हो निश्चय
व्यर्थ है कोई भी सन्देह या प्रतिवाद इस का,
किन्तु कन्धों पर या दिमाग़ों में नहीं
मन में हो तुम हमारे।

तैयारी

युद्ध की कल ख़बर आयी जब
चुन लिया तुमने रास्ता अपना—
प्रयाण लम्बा, एकाकी :
न कहीं कोई कम्पन
न आशंका
कोई विचार तक नहीं
और माप डाले तुमने सातों समुद्र
और जला दीं अपनी नावें
क्योंकि लौटना ही नहीं था।

किन्तु कल जब मुनादी होगी
कि आ पहुँचा है समय
तो नहीं होगा रास्ता कोई
बढ़ने के लिए
न एकाकी प्रयाण कोई
और न होगा बीच में सागर
शत्रु होगा कहीं तुम्हारे ही बीच
और लड़ना होगा तुम्हें
भीत से पीठ लगा कर
पर सोचो,
भीत तो चिनी जानी है।

शापित कोठरी में

वे बताते हैं मुझे
दो बरस बीते
ताकती थीं दो आँखें
इन सलाखों के पार
नहीं जो देख पायीं फिर।

आत्मशापित नहीं हूँ मैं
पर कितना सुखद है यह सोच—
अदीठ कर सकता हूँ मैं इन सलाखों को।

मृत्यु से नहीं डरता मैं—
फिर आँखों में गेरी
अन्धापन क्यों नहीं है!

सहिष्णुता

निषेध करता है जो
उसमें भी आस्था है—
बुराई भी निषेध में
हो जाती नेकी :
है तो कोई ईश्वर
शापितों की प्रतीक्षा में
क्योंकि शापितों में भी पौरुष है
जीवन्त आस्था से पूरित हैं वे
शाप के भी लिये।

नहीं है आस्था मुझ में
मैं लड़ता नहीं
न करता हूँ कोई प्रतिवाद
बुराई नहीं चाहिये मुझे
नेकी को मैं स्वीकार करता हूँ।
ये जो सलाखें हैं
देख कर इन्हें भी
स्वीकार करता हूँ :
स्वर्ग की आशा है तो कहीं
नरक में भी मेरी ख़ातिर।

मूरख

विराम ले लूँ कैसे मैं आज
चिन्तन के पर्दे में
विराम, निष्क्रिय बिताये हैं मैंने
दिन और वर्ष—शिथिल निर्बल स्नायु—
विराम, क्या छुपा लूँ चिन्तन के पर्दे में
चेहरा एक कायर का?

सम्भव है भूला होऊँगा मैं
सब जगह उपस्थित मृत्यु,
किन्तु कैसे भूलूँ
जब कर्म पुकारे मुझे
जब पुकारो तुम?
कैसे भूलूँ
अब भी ग़ुलाम हूँ मैं
दलित हूँ
भाई हूँ वंचितों का?
बार-बार लौटा हूँ मैं
कूड़ा ज्ञान के घूरे—इस संसार—से
अभी भी हूँ अदम्य मूरख।

वंचित

अक्षौहिणी हैं वंचितों की हम
जकड़ कर ज़ंजीरों में
फेंक दिया है तुमने
सींखचों में हमें
पीसते हो उस चक्की में हमें
सामाजिक सुरक्षा कहते हो तुम जिसे
बहाते हो छिछले आँसू
हमारी दुदर्शा पर
वंचित कह कर हमें

हम वंचित नहीं हैं लेकिन
हमारे पास है वह देव
जानता नहीं जो बाधा
सींखचे नहीं कर सकते हैं उस को क़ैद

निरर्थक हैं तुम्हारे आँसू
उस के लिए
—तुम अन्धा जिसने कर दिया है हमें—
हम को अपने आँसू रो लेने दो।

भंजक

हम भंजक थे
परम्परा-भंजन किया हम ने
और हर भंजित परम्परा के साथ
खो गया एक जीवन
हर जीवन के साथ खो गयी
एक नयी श्रृंखला की ताज़ा कड़ी
परम्परा नयी एक...
विफल हुए हम
हज़ारों आवाज़ों ने कहा मुझ से
नहीं है मुझ में इनकार का साहस।
हज़ार जीवन हमने खो दिये
राष्ट्र नहीं, आस्था नहीं,
केवल कल्पना

कल्पना ही थी लेकिन वह
जिसने प्रेरित किया शहीदों को
—ईश्वर की कल्पना :
वह भी कल्पना ही थी
जिसने बाँधा लाखों को
बुद्ध के साथ—
प्रेम की कल्पना

आज भी बहा रहे हम रक्त
कल्पना की ही ख़ातिर—
पीड़ा की कल्पना :
इन महान् कल्पनाओं से
क्या हम नहीं पायेंगे
तीन ये बातें—
सरल बातें तीन
जिन्हें हम नहीं जान पाये
विश्व जिन को नकारता
और जिन का उपहास करता है
पर हैं जो उन की भी
और रहेंगी सदा—
समता
स्वतन्त्रता
बन्धुता ?

दीवार पर तस्वीर

१

तस्वीर बना ली है मैंने तुम्हारी
अपनी कोठरी की ठण्डी सफ़ेद दीवार पर,
जानता नहीं हूँ मैं तुम्हें।

तुम जीवन हो
तुम मृत्यु हो
अँधेरे अनाम प्रचण्ड हो तुम
तुम शाश्वत हो
तुम।

मैं नहीं पहचानता हूँ तुम्हारा चेहरा
पर एक प्रचण्ड आवेग के क्षण में
मैंने चित्रित कर लिया है तुम्हें
वहाँ दीवार पर
सलीब पर
लेकिन जो टपकता है रक्त
मेरा है...

२

वह भी समय था
जब बनानी चाही मैंने
एक अन्य तस्वीर
विफल रहीं पर कोशिशें मेरी
लगा फिर भी
कोठरी घर जैसी है मेरी
क्योंकि वह तस्वीर जो कुछ थी
देखती थी मुझे
करुणा से, समझ से।
आज चित्रित किया है मैंने तुम्हें
एक संसार वहशी
तुम से बचना चाहता हूँ मैं
निर्वीर्य,
इसलिये चित्रित करता हूँ
दीवार पर तुम को
अपनी आत्मा पर छापता हूँ
क्योंकि मात्र दीवार है
आत्मा आज मेरी...

दर्शन

रात सूनी
ताक रहा था मैं
सलाखों के पार
सोचता हुआ तुम को—
अचानक टूटा वह तारा
बिखेरता नील–सुनहरी आग गगन में
राख होता हुआ।

एक दुनिया राख हो रही थी
जब मैं सलाखों के पार ताकता
सोच रहा था तुम्हें।

क्यों हैं ये सलाखें
क्यों हो तुम
क्यों मैं हूँ
क्यों हैं ये दिन, महीने, वर्ष
एक चिलक में जब
अनन्त भी हो जाता है राख?

दो चीज़ें

उल्लसित कर देती हैं
दो चीज़ें मुझ को
दोनों, दरअसल, एक ही हैं।
चीड़ों के बीच तरंगित पहाड़ी सोता
उज्ज्वल हँसी किसी युवती के पहले प्यार की—
उल्लसित कर देती हैं दो चीज़ें मुझ को
दोनो, दरअसल, एक ही हैं।

दो चीज़ों ने पीड़ा दी है मुझे
वे दोनों भी, दरअसल, एक ही हैं—
लम्पट होंठों पर नाम प्यार का,
विजय-स्मारकों के घमण्ड में
चूर हो रहे राष्ट्र
नाम पर स्वतन्त्रता के—
दो चीज़ों ने पीड़ा दी है मुझे
दोनों, दरअसल, एक ही हैं।

स्थानान्तरण

बन्धुओ, आ पहुँचा है अन्तिम दिन मेरा
इस निष्प्राण दुनिया में
नहीं होऊँगा अब मैं और
तुम्हारे साथ।

इस अरूप और विरल शून्य में
एक बार फिर होंगे पेड़, चहकेंगे पाखी,
फूलेगी केसर,
अजाने मुस्काये शायद युवती कोई,
रेंक दे कोई गदर्भ सर उठा कर
जीवेषणा से भरा
जैसे ख़ुद जीवन।

एक बार फिर
हाँ, पर झलक भर देख सकूँगा मैं
—वह वर्जित शब्द
'स्वतन्त्रता' नहीं—
निर्वासित होऊँगा मैं
घर में।

दीवार पर नाम

देखती रहो दिन भर मुझे
लिखूँगा दीवार पर इसलिये तुम्हारा नाम
केवल नाम—किसी प्रीतिकर सम्बोधन के बिना—
और उसकी छाया में सोया रहूँगा
क्लान्त रात में मैं।

पिसाई, पिसाई, पिसाई
इसी तरह गुज़रेगा मेरा दिन
पिसते हुए गेहूँ के दानों के साथ
गाढ़ी बूँदें मेरी अँधियारी पराजय की—
होती नहीं जब तक शाम
और उठूँगा तब एक शपथ के साथ।

करुण आँखें तुम्हारी पर
देंगी पिघला मुझे अन्दर ही अन्दर
उमड़ेगा जीवन-रस
अगली सुबह पर दया करता
लिखूँगा दीवार पर इसलिये तुम्हारा नाम
देखती रहो दिन भर मुझे।
क्लान्त रात तीन तारों के साथ काटूँगा
तुम, तुम्हारा ध्यान

और मेरे सम्मुख
दीवार पर तुम्हारा नाम :
उदासीन गुज़रेगा पहरेदार
खड़काता ताले और सलाखें
फाड़ते हुए जीर्ण कफ़नों को
किसी भूत की तरह
देख सकेंगी तुम्हारी आँखें
दीवार पर सुन्दरता मेरी लिखी
और अँधेरे में जान लोगी—
मेरे निष्ठुर शाप के पीछे
तुम्हारा ही सपना है अभी।

लिखूँगा दीवार पर इसलिये तुम्हारा नाम
—किसी प्रीतिकर सम्बोधन के बिना—
और उस की छाया में सोया रहूँगा
क्लान्त रात में।

निरर्थक चीज़ें

काले दिनों में संघर्ष किया मैंने
सार्थकता के लिए
और संघर्ष ने ला दिये हैं अब
और काले दिन।
आज मैं बेड़ियों में हूँ
क्योंकि संसार डरता है ऊर्जा से, जीवन से,
सार्थकता से।

हज़ारों निरर्थकताएँ करूँगा मैं आज,
निरर्थक, अनुपयोगी
आज ये बेड़ियाँ खुल जायें
तो मैं गुलाब पथ पर बिछाऊँगा
बीनूँगा झरी पँखुरियाँ
लपेटता अँगुलियों में उन्हें
घरौंदे बनाऊँगा मैं
नम और ठण्डी रेत पर
और घेर दूँगा उन्हें
कंकड़ों की चारदीवारी से;
देखूँगा दूर गरजते सागर के सपने;
बुनूँगा मैं आज केसर-माल
अपने केशों के लिए

तितलियों के पीछे दौड़ूँगा
मस्ती में,
पकड़ लेने की ख़ातिर नहीं;
थामूँगा अंगूर-बेलों को
कोमलता से हिचकते हुए
शिशु की मुट्ठी की तरह।

आज में ढेरी लगाऊँगा
आड़ुओं की और सेबों की
भरपूर ऊँची वक्ष तक
और गड़ा दूँगा उसमें
अपना माथा

और रोऊँगा
नि:शब्द, अश्रुरहित
निरानन्द और भावहीन।

गर्भगृह

ध्वस्त कर मन्दिर उसका
उन्होंने पूछा, "कहो, अब कहाँ है ईश्वर?"
"मन्दिर गिर गया, पर वहाँ देखो
स्वर्ण-प्रतिमा विशाल वह
वहाँ है ईश्वर!"

उन्होंने टुकड़े-टुकड़े कर दी प्रतिमा
और हँसे, "अब उसे विश्राम करने दो।"
"प्रतिमा तो मात्र छाया है
वह यहाँ है, मेरी आत्मा में,
देख तुम नहीं सकते उसे।"

उन्होंने छेद दिया गोली से उस का हृदय
उड़ाने लगे खिल्ली
"अब ईश्वर को उड़ जाने दो।"
साँस ली उसने लम्बी और भरपूर
मरते-मरते किया घोष
"ईश्वर मैं हूँ।"

रात में मेरे सपने

रात में मुझे सपने आते हैं
लड़ने, मारने, घरों को जलाने
सैनिकों की लूटमार के
और तुम्हारे
घायल और बलात्कृत।
कतरती व्यथा पर मेरी
संवेदन की बाढ़,
रूपहीन निःस्पन्द खोज के गाढ़ेपन से
एक विचार मूर्त होता है
मेरे मन में—
आज रात होती तुम मेरे साथ
—इस कोठरी में ही सही—
अपनी बाँहों में ले लिया होता तुम्हें मैंने
प्रगाढ़ नहीं
हलके-से छूते हुए
बस यह जानने मैं छू सकता हूँ तुम्हें
कहता नहीं कुछ भी
—ज़रूरत ही नहीं होती—
अनुभव कर ली होती मैंने
इन क्रूर सलाखों के पीछे भी
परम शान्ति संक्षिप्त
तुमसे और तुम्हारे प्रेम से परिपूर्ण।

जागता हुआ

जागता हुआ लेटा ताक रहा हूँ
सूनी आँखों से आकाश की आभा
इतना तुच्छ कर दिया है मेरा जीवन
इस बन्दीगृह ने
दया तक भी नहीं कर सकता हूँ
ख़ुद पर।
सहस्त्रों चेहरे बसते हैं
विस्तृत एकान्त में मेरे
अजीब-से चेहरों वाले प्रेत
अनवरत आते-जाते इधर-उधर :
एक निष्प्राण पीलापन है चेहरों पर
वे चेहरे मेरे मृत साथियों के हैं।

अपने सर के पास सुनायी देती हैं
तुम्हारी साँसों की आवाज़ें
आँखें मूँदूँ तो महसूस होता है
तुम्हारे वक्ष का आलोड़न
और तुम्हारी पाँच फुट की देह।
लेकिन नहीं—
प्यार का उल्लेख तक भी पाप है
इस भ्रष्ट घर में,

वह मुझ में नहीं है।
ध्वस्त हूँ और मृत हूँ मैं
निदाघ में सूख गये मिट्टी के लौंदे-सा
एक प्रेत हूँ मैं प्रेतों के बीच
जागता हुआ।

दण्ड

मैंने देखा तुम्हारे चेहरे की ओर
और सोचने लगा
क्या एक हृदय होगा इसके पीछे
जो याद करता है
कोई एक जो महसूस करता है
बचपन, प्रेम, महत्त्वाकांक्षाएँ
विफलता, मृत्यु
क्या तुम्हें याद है
तुम महसूस करते हो?

मुझे आश्चर्य हुआ
क्योंकि पूरा भावशून्य था तुम्हारा चेहरा
अवज्ञाकारी स्वीकार का मुखौटा
बहादुर और चुप
बहादुर लेकिन चुप—
मूढ़ न्याय के मुखौटे के आगे।
कई लोग थे चमकती वादियों में
मृत्यु की बातें करते हुए
केवल एक शब्द थी मृत्यु
उनके लिये,
और शब्द ईश्वर था।

मैंने देखा तुम्हारा चेहरा
और जान लिया तुम ने जो जाना था—
मृत्यु शब्द है
लेकिन शब्द मृत्यु है।
मैंने कोशिश की
तुम्हारी आँखों की निर्मल झील में
तुम्हारा अन्त देखने की
पर वे सूनी थीं
जैसे सूना होता है आकाश
क्योंकि अगाध है वह
तुम मर रहे थे
लेकिन मेरी आँखों में आँसू नहीं आये
केवल एक निष्प्राण चुप्पी
हम सब पर छा गयी थी।

लोहे की खड़कन, बूटों की कर्कश आवाज़
जड़ता टूटी :
एक नीरव में ले गये वे शीघ्रता से तुम्हें
मैंने पर पूछा अपने से
क्या तुम महसूस करते हो?
पर उन सब ने कहा "हमें उम्मीद है
वह फिर हमारे बीच होगा।"

हमारे बीच होगी अब केवल आग,
बर्बादी, नरक, अराजकता,
वे मूर्ख लेकिन कहे जा रहे हैं
"वह फिर हमारे बीच होगा।"

और मैं मूर्खता में अपनी
ख़ुद ही पर आश्चर्य करता हूँ :
क्या तुम याद रखोगे ?
करोगे महसूस ?

क़ैदियों का स्थानान्तरण

बेड़ियों की खड़खड़ाहट थम गयी है
हम प्रतीक्षातुर हैं
रेलगाड़ी आ रही है।

हम क़ैदियों का स्थानान्तरण हो रहा है
सर्दियों की इस ठण्डी सुबह
गाड़ी की प्रतीक्षा करते हुए
जो अब उत्तरी क्षितिज के भूरे निर्जीव मुख से
हो रही प्रकट
रिसती और हाँफती
उगलती कड़ुआ धुँआ
थम जाती है खड़खड़ाहट कुछ देर
हमारी वेदना की रगड़।

कहीं नहीं ले जायेगी यह रेल हमको
निरर्थकता की इस अपमानित शृंखला में
एक और कड़ी है वह
दूसरे धातु की—
पल भर का ठहराव
जिसमें कौंध जाते हैं बहुत-से चित्र...

एक प्लेटफार्म :
भड़कीले वस्त्रों में आकृतियाँ
लगभग वेश्यावत्,
रक्तिम गुलाबों का एक गुलदस्ता,
उसके पीछे घूँघट से झाँक रही हैं
फ़िल्मी दो आँखें
अन्तिम रहस्य की ख़ातिर एक सवाल।

तीसरी श्रेणी का एक डिब्बा
एक अँधेरे कोने में दो आकृतियाँ
—स्त्री और पुरुष—
एक कम्बल में लिपटे हुए—
हलचल और फुसफुसाहटें
और चुम्बन की आवाज़ :
दूर धुँधलके में बादल और पेड़
ताल और खेत सरसों के
तेज़ गुज़रते जाते हैं
और मेहराबी गर्दन वाले मोर।
नहीं है कोई छाया आज :
कोनों में चमकीले पट्टे
कन्धों पर ओपदार त्यौरी वाले अक्षर :
पागलपन, उन्माद—
सैनिक सशस्त्र
पीतल...
विशाल अपनी गुहा में एक दानव
तड़फड़ाते हमें निगल जाने की ख़ातिर
यह सब देखते हैं हम—

पीड़ा ने मसीहा बना दिया है हमें :
एक पल के लिए फिर भी
बेड़ियों की खड़खड़ाहट थम गयी है;
हम चुप हैं;
गाड़ी आ रही है।

रेलवे पॉइंटमैन, भारत

पीली खिड़कियों वाले
काले लोहे की रेलिंग वाले डिब्बे जुते हुए
आसमान में धुआँ उगलते
काने दैत्य के साथ
यन्त्रबद्ध मानव का हास्यास्पद परम सुख—
अफ़सर-लोकशाही—

भूरी खूँटीली दाढ़ियों वाले
दग्ध-पीले चेहरे
तीन-सौ अपराधी
ले जाये जा रहे हैं बन्दी शिविरों में
जहाँ विलग अन्तर्दाही अहन्ता
एक बहुविध सामूहिक धड़कन में सिहरेगी।
पीली खिड़कियाँ और काली सलाखें
पीली दीखती चमड़ी और काले खूँटीले सिर
रिसते रहेंगे
घोर श्रम की लौटती प्रतिगूँजों से—
आज के उर्वर लाओकून के फीके चित्रों से—
धीमे से दरवाज़ा झूल जाता है सड़क पर
थम जाता है साइकिल-सवार—
लाल घूँघट सरकता है पीछे

और ताकती हैं दो आँखें—
रेल गुज़र रही है—
मानो बिना रोशनाई वाली क़लम
मन-पंजिका में दर्ज करती है
‘रेल गुज़र रही है’—
पॉइंटमैन आगे आ कर
हिलाता है हरी झण्डी
और करता है सलाम।

कहीं नहीं है अन्त

अन्दर तीख़ी होती जाती है
बन्द सीलन की बदबू;
यादों में खोजता हूँ बचाव
याद हमेशा एक कामना है लेकिन
और कामनाएँ होती हैं बाहरी चेहरा
उस अन्धी अभेद्य दीवार—यथार्थ—का
प्रतिरोध में जिसके फेंकता रहता हूँ
अपने को मैं
एक अनवरत निरर्थकता में :
अपने को और बन्द कर लेता हूँ
अपने ही अन्दर।

रेंगते आते हैं बाहर काले बादल
मुझे घेरे निष्प्राण अनगिन क्षितिजों से
पहले से ही विषण्ण आकाश में
नीचे फैले हैं कफ़न की तरह;
मैं बचने के लिए भागता हूँ
सोचता हूँ तुम्हें
सोचना तुम्हें लेकिन
सोचना है मेरे सम्मुख पसरे
अन्तहीन पथ को

मैं हलका-सा काँप जाता हूँ
और लौट आती हैं मेरी आँखें
मेरे आकाश
मेरे तयशुदा कफ़न की ओर

अन्त नहीं है कहीं
कहीं नहीं है मुक्ति
कहीं नहीं है अन्त।

जेल में सवेरा

हर सवेरे जब भोर का उजास
पोंछ देता है अस्तित्व के खाँचे
गाता हूँ मैं तुम्हारे लिये।

हर सवेरे गान टूट जाता है लेकिन
अर्गला की कटु खड़खड़ाहट और
सवाल के साथ : "बन्दी, क्या तुम हो?"

हाँ, मैं हूँ, वहाँ हूँ मैं
बेड़ियों और सलाखों के थरथराते क़ब्रगाह में :
निष्ठुर आदेश और मज़बूत सीधे क़दम
बैठना और खड़ा कर दिया जाना खाने के बीच
ग़ुलामों की तरह ताड़ित काम के बीच
जो श्रम नहीं है दरअसल
कोई अर्थ नहीं है मानव की ख़ातिर उस का
प्रयोजन अपना ख़ुद है जो
मैं पूरा वहाँ हूँ,
नहीं हो तुम जहाँ पर, न हो सकते।
हर सवेरे फिर भी
जब भोर का उजास
पोंछ देता है अस्तित्व के खाँचे
गाता हूँ मैं तुम्हारे लिये।

वह देखता है

खुले आकाश में
तोतों की उड़ान
कम्पित अग्निमुख तीरों की तरह।
उड़ान पूरी होते-होते
अयोजित गति-रचाव में कहीं
हलके-से छू जाते
दो पाखियों के पर परस्पर :
—कभी जो कहीं मिलेंगे नहीं
नहीं होंगे समीप वे एक-दूजे के
भविष्य में कभी—
पूर्ण संयोग के उस क्षण
फूट आती है पर
सिहरती-सी पुकार वह।

वह देखता है :
शायद अपने ढंग में
वह एक ईश्वर है;
लेकिन मानव का जीवन
मानव-प्रेम
अकारण मिलन भर है क्या

उड़ते दो पाखियों के परों का
जिसे वह देखता है
वह जो अपने ढंग में
ईश्वर है एकाकी!

अन्य कविताएँ

मिरियम बेनाड के लिए

पहाड़ी मार्ग पर

जब भी मैं गुज़रता हूँ
ऊपर लटकी चट्टान के नीचे से
भर आता है मुझ में
अपने न कुछ होने का बोध :
ब्रह्माण्ड की इस महद् योजना में
मेरी, मानव की, जीवन की नगण्यता
सुन्दर, शीतल
अनुपम ब्रह्माण्ड...

बार-बार लेकिन
गर्व से भर आता हूँ मैं
क्योंकि यही सब तो है जीवन—
एक ठण्डी, कठोर
असीम निष्प्राणता
एक स्पन्दित, कोमल, उल्लसित, जीवन्त
यह सब जीवन है
एक है यह सब
एक हैं मैं और सब।

और साथ ही पर नगण्य हूँ मैं
मैं कुछ नहीं

कुछ भी नहीं हूँ
फिर भी कितना सामर्थ्य है मुझ में
होने, करने और रचने का।
मारती है असीम निष्प्राणता
मैं, नगण्य, रच सकता हूँ
मानव हूँ मैं
मैं शक्ति हूँ अविराम।

सुन्दर चेहरे

गुज़रते हैं, फिर गुज़रते हैं, गुज़रते ही जाते
सुन्दर चेहरे।

मैं जानता हूँ युगों-युगों से उन्हें
दुनिया की नज़रों में लेकिन
अन्धा हूँ मैं,
मैं नहीं देखता उन्हें
क्योंकि देखना पाप है,
यह कहते हैं वे।

आदम ने जिस दिन
हव्वा पर कर ली आँखें बन्द
पाप ने जन्म लिया
आदमी हर अब आदम है
और बन्द हैं
सारी दुनिया की आँखें।

ईश्वर हँसता है
किन्तु गुज़रते हैं,
फिर-फिर गुज़रते हैं
गुज़रते ही जाते हैं
सुन्दर चेहरे।

परिवर्तन

मत डरो नये से
पहला पाप निर्दोष है
सुन्दर लगने के कारण :
हम पापी नहीं होते जब पाप करते हैं
हम पापी तभी होते हैं
जब उसे दोहराते
पुनर्जीवित करते हैं हम
कि उसमें बार-बार हो सकें।

अनुकरण

इसी पथ पर चले थे तुम
अनुकरण करता हूँ तुम्हारा मैं
क़दम-दर-क़दम ओस-भीगी घास पर :
ध्यान रखते हुए
घास नहीं, ओस नहीं
बल्कि तुम्हारे तलवों के स्पर्श से
अपने तलवों का स्पर्श।
पन्ने जैसी हरी घास पर
ओस का मोतिया घूँघट।

क़दम बनाते हैं पथ
मिट जायेगा जो
मैं उन पर चलता हूँ
जानता हुआ
नहीं, जानता हुआ नहीं
बल्कि जानने में खोया
कि मैं अनुकरण कर रहा हूँ
अन्तहीन दिन, अन्तहीन प्रयास
वह पथ जो तुमने बनाया था
एक क्षण में, क्षण भर के लिए
ओस भीगी घास पर,

लेकिन सच नहीं है स्पर्श
पथ सच नहीं है :
मेरे सम्मुख नहीं हो तुम
यह है अन्तहीन प्रयास केवल
घास पर क़दमों का अनुकरण
ओस में
तुम्हारा अनुकरण करता
मैं।

प्रज्वलित अहं

सूरज की लालिम तिरछी रोशनी में
खड़ा था मैं
ताकता धूप-नहायी दीवार :
मानो प्रसन्न वह लाल सूरज
प्रेम हो पूर्णकाम।

कहीं पीछे से तुम गुज़रीं
नहीं मैं सुन पाया पदचाप
दीवार पर केवल छाया तुम्हारी।

पल भर को छू ली
तुम्हारी छाया ने मेरी छाया
व्याप गयी, लय हो कर खो गयी उस में
एक हो गयीं पल भर
दोनों छायाएँ।

तुम्हारी छाया निकली फिर
चली गयी
तुम चली गयी :
अब चाहे चमकता रहे
प्रसन्न लाल सूरज

जानता हूँ मैं
नहीं हम हो सकेंगे एक
क्योंकि जिन सूर्यों की छायाएँ हम हैं
दो विलग अहं हैं वे
प्रज्वलित।

अनन्तर

देखे जब मैंने
तुम्हारे होंठों के दो
उज्ज्वल लाल घुमाव
जान गया मैं
सब कुछ भूला जा सकता है अब
उस लोहित ज्वाला में
दबी हुई है जो
तुम्हारे होंठों के उन उज्ज्वल लाल घुमावों में—
यह दुनिया, जीवन, मृत्यु
सब भूले जा सकते हैं।

किन्तु अनन्तर देखे जब
दो प्रकाश के बिन्दु तुम्हारी आँखों की ज्वाला में—
उन होंठों की क्लान्त कामना से आगे भी
बहुत कुछ भूलने को है
याद करने को—
वह चेहरा निष्प्रभ होता हुआ
बुझी कामना से,
मरते हुए तुम्हें :
लेकिन वह अनन्तर था, जब
तुम्हारी आँखों की ज्वाला में देखे
दो प्रकाश के बिन्दु।

गुलाब

आओ, गुलाब ले लो—
सस्ते हैं आज गुलाब
एक काँटे की क़ीमत पर ले लो एक गुलाब।

सुगन्ध, शील, नेकी—
कौन चाहता है?
बीते दिनों की सनकें।
कोमल अंगूर-लता जैसी
छरहरी बाँहों वाली कुमारियाँ
अदीठ रोग से छीजती हुई।
पीली चमेली एक मृत आदर्श है।
यह युग रक्त और रंग का युग है
माँगता है गदराये गाल, नम्य सुडौल उरोज
एक माँसल देह।

पवित्रता—छि:।
भारी वस्त्रों में म्लान, अनुत्तेजक
दुबली आकृतियाँ
मठ के द्वार पर,
नर्गिस चाहते हो?
आजकल लेकिन प्रचलन में नहीं नर्गिस;

दुनिया हवस है आज
रक्तिम गुलाबों की लपट।

बाद में क्या? नहीं,
आज आदमी समय से भी तेज़ चलता है,
बाद में कुछ नहीं है।
इसलिए डर क्यों?
सजायी जा सकती है देह
गाल भी रँगे जा सकते :
काँटा छुप जा सकता है
गुलाब की ख़रीदी के समय।

—लिए

यह नहीं कि जीवन झूठ-मूठ खेला मुझ से
यह नहीं कि प्यार नहीं आया जीवन में
यह नहीं कि बादल ढँके रहे
मेरा सूरज, सुदीर्घ दिन।

हुआ यह पर :
जीवन के खेल ने घायल किया मुझ को
और प्यार भी गुज़र गया
जब मैं अप्रस्तुत था :
सुदूर मैदानों पर सूरज चमका
पर नहीं मिल सकी मुझको
उस की धूप।

तुम नहीं समझ सकते;
क्योंकि परिक्रमा करता ही रहता है
जीवन तुम्हारी
और प्यार आलोक है वह
फूटता है तुम्हीं से जो;
और ये दिन-रात, ये छायाएँ
हैं ही क्या तुम्हारे लिए,
तुम जो नियति हो?

शोकगीत

गन्ध रहती है
मुर्झा जाता है खिलना
मेरा हृदय टीसता है
सुन्दरता निष्प्राण है।

अभी भी गूँजती है धुन
शब्द पर खो गये हैं;
उजाड़ यह हृदय मेरा भुतहा—
प्रेम तुम हो!

अनन्त दण्डवत् है
विश्व के चरणों में :
प्यार को पीड़ा सहनी है
सुन्दर को मरना है।

क्या चिन्ता

जान लेने पर
बस इतना बच रहता प्यार :
आदतन बासी आलिंगन
ठण्डा, निष्प्राण चुम्बन।

तुम्हारे होंठ लेकिन
उच्चरित कर सकें यदि
प्रेम का सिद्धमन्त्र वह
तो क्या चिन्ता
मिलें यदि हम
नरक के द्वार पर भी।

मत आना दिन में

मत आना दिन में
जब सूजे हों मेरे होंठ
और आँखें रो-रो कर
हो गयी हों लाल
निष्फल आवेग में अपने
कामना ने जब विकृत कर दिया हो
मुझे, मत आना।

सहमी रात में आना
जब सोयी हो कामना मेरी
और आँसू छुप गये हों
पलकें शिथिल और क्लान्त
कर रहीं हो शान्त
मेरी लाल आँखों को—

नहीं, एकाकी रात में आना
जब हो आत्मा मेरी नग्न, असहाय
जैसे आदि-वेश में वधू
दासियों के जाने के बाद।

आना, रात छुपाती और
पावन करती है :
रात में सुन्दर होता हूँ मैं भी
मैं जो इतना दुस्सह हूँ!

वापसी

आज फिर मैं लौट आया हूँ
तुम्हारे पास
तुम्हारे और मृत्यु के बीच
मेरी क्षुरधार दुनिया में
पर किसी भी क्षण नहीं
अस्तित्व ने जाना
जब तुम्हारे पास न होऊँ मैं :
सूर्य उगा और अस्त हो गया है
नदी बह गयी है तेज़ी से
चीड़ सरसराते गये हैं
गा गयी है पहाड़ी पँडुकी
प्यार की पीड़ा में देखा है मैंने
और नहीं देखा,
रहा हूँ दूर बहुत
और कहीं भी नहीं।

और आज फिर
लौट आया हूँ तुम्हारे पास
कभी भी नहीं पर अस्तित्व ने जाना
जब तुम्हारे पास नहीं था मैं।

इशारा

तुम कोई तारा नहीं हो।
तारा खोजता कोई
जब वह भटक गया हो।
थकान में वह घुमाता है आँखें
और सूनी रात को मापता
खोजता है
कोई तारा नहीं
प्रकाश की एक झलक
किसी खिड़की से टिमटिमाती
और कहता है लम्बी साँस ले कर
''अब केवल इतना और।''

मैं भटका नहीं हूँ—
मेरे भीतर कहीं हो तुम;
पर थका हूँ मैं
क्योंकि मुझे घेरे है यह दुनिया।
तुम तारा नहीं हो कोई
लेकिन मुझे सिखाते हो
सन्तुष्ट रहना
दूर किसी घर की खिड़की में से
टिमटिमाता प्रकाश

इशारा, इशारा
ऊष्मा
शान्ति
विश्राम...

युगपत्

गूँगे आत्मार्पण में चूमता क्षितिज
धान के खेतों का
यह अछोर हरा विस्तार
धुन्ध सन्ध्या की पसरी निराकार
मैंने पूछा, किस के लिए निरर्थक उर्वरता यह?

सूरज से फूटी तीन तीक्ष्ण किरणें
और फैल गयीं
खेतों पर बनाती हुई
सुरमई लेख
याद आयी मुझे
एक घनी मुट्ठी बनाती
रास्ता अपना
अनगिन कृषक-जीवनों से सिले
हरित पट के बीच।

जून की रात

एक ओर ऊपर
लटक रही चट्टान
दूसरी ओर
अघाये साँप जैसी नदी का कुण्डल
बीच में रास्ते के अनवरत घुमाव
लम्बी और गर्म है रात
चाँद इतना पीला
जो नहीं भुला पाता गर्मी।

कहीं भी एकान्त नहीं लेकिन :
हर मोड़ पर रास्ते के
कोई अधनंगा मज़दूर
ज़ोर से खाँसता बलगम निकालता हुआ
या जोड़ी थके बैलों की—
पाँच हज़ार वर्षों पहले
खोजा गया था जिसे—
भार लादे।
और हर जगह, हर जगह
बहुविध कीट, छपाके
दमघोंटू निरन्तर

कुछ भी नहीं है अच्छा तुम्हारे बिना
कब कहाँ होता हूँ लेकिन तुम्हारे साथ
मैं इस अन्तहीन असंगत
आरोपित दुनिया में हूँ
वह दुनिया जो हर जगह है।

वाग्मिता

बड़ी चीज़ों के दबाव में है
मेरी कविता :
तारे और आकाश,
प्रकाश की गति,
सनातन सौन्दर्य की आत्मा,
परम सत्ता,
अज्ञात, अविजित ब्रह्माण्ड :
निरन्तर बात करता जा रहा हूँ मैं
बड़ी चीज़ों के बारे में
जानते नहीं हो तुम जिन्हें
न मैं ही।

लेकिन मेरे मन में
एक छोटी-सी माँग है
एक अतिसरल बुनियादी तलाश :
कैसे मैं पा सकता हूँ तुम्हें ?
नहीं, वह भी नहीं, और भी छोटी :
सिर्फ़ यह पूछता हूँ मैं
कैसे अर्पित कर सकता हूँ तुम्हें
स्वयं को मैं ?

जुलाई की वर्षा

लिपट जाओ मुझ से
थाम लो मुझे छरहरी कोमल बाँहों में
अपनी देहयष्टि से बाँध लो मुझ को
मुझे लो

क्योंकि हृदय हैं—
आत्माएँ हैं—
प्रेम है भावना का;
उन सबकी लेकिन अपनी जगहे हैं—
मात्र देह की जगह नहीं कोई,
वह बाँधती है।

माँग, कामना
लालसा प्यार की
स्त्री का परम अधिकार है—
पुरुष प्यासा है—
मुझे लो और बुझा दो प्यास मेरी
क्योंकि बहुत ठण्डी है रात
जून जा चुका

बीत गया ग्रीष्म
बूँदें गिर रही हैं :
वर्षा की ठण्डी कठोर बूँदें
धरती की प्यास बुझाती हुई।

भोर

इस विस्तृत धुँधली चुप में
कहने दो मुझे अपनी व्यथा :
दुनियावी मुखौटों के पार
एक समर्पित आत्मा है मुझ में

दिन में कोई अर्थ नहीं है समर्पण का
यह दुनिया दिन में दुनिया है
अधिकार की, स्वामित्व की
शिष्ट आडम्बर के रुपहले मुखौटे के नीचे
भूखे नाख़ूनों, नोचने और मृत्यु की दुनिया।

लेकिन इस ठण्डी, धुँधली, चुप
नि:शंक दुनिया में
दिन के सभी भड़कीले सच
गलने लग जाते हैं
जब मैं निहारता हूँ
भीगी आँखों वाले तारों की ओर;
सब कुछ—
घुल जाता है अस्तित्व कोमल विनय में
तब मेरी आँखों के आगे—
अब तक आतंकित आँखों के आगे—

आकाश धड़कता है तारों में, तारे, तारे—
जो एक-दूसरे में मिल जाते हैं
बच रहते हैं केवल दो
दो गहराइयाँ अथाह
तुम्हारी आँखें हैं जो।

मत पूछो मुझ से

मत पूछो मुझ से
व्यापा है विषाद जो आत्मा में मेरी
अकथ है।

यह नहीं कि मैंने शब्द नहीं पाये—
शब्द नहीं कह सकते—
यह कहना मान लेना है कि
मन ही नहीं जान पाया।

मैं कहता हूँ
नहीं बोलेंगे कुछ भी शब्द
क्योंकि वह परम पावन है
पूर्णतः एकान्त मेरा।

मत पूछो मुझ से।

एक बच्चा मृत है

व्यथित होंठों से चूमता हूँ तुम्हें
कितना अनावश्यक लगता है चूमना
कितना बेतुका
व्याप्त हैं जब हम दोनों एक-दूसरे में
विषाद की तरह।

एक बच्चा प्यार आया,
बढ़ा हमारे बीच
हम दोनों को बाँध लिया,
अब, बन्धन टूटने पर भी
खींचता है वह साथ-साथ हम को।
मैं नहीं समझ पाता—
अज्ञान ज्ञान को घेरे है
जीवन जैसे घेरता है उसे :
हम केवल झुक सकते हैं
उस रहस् के सम्मुख
एक मूक, प्यारे विषाद में।

दावानल

दावानल की तरह
जला हूँ एकान्त में
अपने को भस्म करता हुआ
अक्तूबर के निर्जल मेघ की तरह
गुज़रते रहे सदा तुम।

मैं जला हूँ
मैंने अपने को जलाया है
लेकिन इन झिलमिलाती अनगिन
रोशनियों के लिए
मैं कुछ अलग चीज़ हूँ
वे सुन्दर हैं, पर दीप-कीट।
मैं एक जलता हुआ दावानल हूँ।

वे टिमटिमाते और उड़ जाते हैं
पत्तों की दरारों के बीच
सरल रास्ता पाते
मैं रास्ता नहीं बनाता
जलते पत्तों के बीच से गुज़रता हूँ।
मैं कठोर और विकराल हूँ,
मैं अकेला हूँ

मैं दावानल हूँ।

तुम्हारे बिना
आग अपना दिलासा आप लायी है
और अतृप्त आग में :
मत आओ, गुज़र जाओ, ओ सुन्दर
निर्जल अक्तूबर मेघ
मैं आग में तप रहा हूँ—

परिणति

पाखी उड़ान पर है,
उसने अपने से कहा
पाखी उड़ान पर है
घूमती रही उसकी आँखें
बाहर कुछ पर
और हाथों में पकड़ा जाल
हिलता रहा हवा के साथ।

पाखी उड़ान पर है,
उसने कहा
पाखी उड़ान पर है।
लेकिन मैं व्याध बिखेरता रहा
सूखे गारे पर मकई के दाने
पड़ा हुआ था जो निष्प्राण ढाँचे की तरह
सूर्य का ताप झेलता हुआ, जड़मति।

पाखी उड़ान पर है
उसने कहा
पाखी उड़ान पर है—
काँस्यवर्णी आकाश सन्ध्या का
फीका पड़ गया है

रात हो गयी है—
यह अकेला पाखी रात का पाखी है।
घने हृदय में लेकिन ग्रीष्म-जला
निष्ठुर और जड़मति
नि:शब्द
मृत्यु की तरह।

आह, कब समेटेगा अपनी कोमल परिणति में
क्लान्त मेरा जीवन-पाखी!

चमकीली आँखों वाली मोहिनी

कुशनदार कुर्सियों पर बैठते हैं वे
बन्द दरवाज़ों के पीछे
घूमती तुम्हें धीरे-धीरे निर्वस्त्र होते
टाँगें हिलाते, नतजानु होते
टाँगों को फाड़ते हुए
न हो जायें जब तक आरक्त
तुम्हारे उरूमूल
फ़र्श के मृत सख़्त काठ से
मृत पर टाँगें फैलाये
पर मृत से भी अधिक मृत;
उन्होंने दाम चुकाये हैं
तुम पर मुँह फैलाने के लिए
ख़रीदे हैं टिकिट
जम्हाते हुए घर लौटने के लिए।
तुम, मुझे लगता है सुनती हो
सिक्कों की खनखनाहट
उन जम्हाइयों के भीतर से
अपनी जम्हाई को दबाते
भुलाते हुए अपना पीड़ामय उरूमूल
मृत सख़्त काठ पर थाप देते हुए।
तुम सही हो, सुन्दरी

इतने सघन रोयों के मुलायम गद्दों में
सख़्त गुटिका।

जब मैं प्रकाशित करता हूँ
इश्तहारी आकर्षण तुम्हारे
बहुधा चित्रित, फफूँद भरे, पपड़ियाये कैनवस पर
उठाता हूँ अपने कन्धों से ऊपर—
जीवित पर मृत का जुआ—
सोचता हूँ उनकी ख़र्चीली जम्हाइयाँ
अभद्र बेतकल्लुफ़ी में आँख मारता हूँ,
महसूस करता हूँ एक मोटे होंठ पर
धूम्रपान से पीले होंठ का पपड़ियाया दबाव
अधपके बेर की तरह
और जीभ को घुमाता फिर चिल्लाता हूँ
''आज रात रिट्ज (या मेफेअर या रीगल में)
चमकीली आँखों वाली मोहिनी
नगर-तारिका।''

सचिवालय का पेपरवेट

रूखे रेतीले शिकंजे में
कठोरता से एक साथ फँसे
विरल हवा के सात बुलबुले
उठ कर किसी बिन्दु से
फूलते हुए तोंद और दिमाग़ में धीरे-धीरे

किसी शानदार प्रतापी मुग़ल शाह जैसे
इस काहिली मज़बूती से बँधे
मुद्रांकित, हस्ताक्षरित,
साथ में लेबल पी.यू.सी.एस.—
दफ़्तरी बाढ़ के अम्बार पर
रुआब से आसीन
सचिवालय का पेपरवेट।

आख़िर एक दिन

उठा तूफ़ान आख़िर एक दिन
पपड़ियायी छत पर बारिश की
क्रुद्ध बड़बड़ाहट—
विद्रोह में उठी धूल के बवण्डर की
पराजय की धमक—

क्या बाँटा है तुम्हारे साथ मैंने
जो बाँटा है तुम्हारे साथ मैंने
वही होगा जो बाँटूँगा।

मिलन

जून के पूरे दिन
रहे घूमते हम
डाले हाथों में हाथ
साथ होने के चमत्कार पर
विस्मित

नीले-भूरे चिऊरों-से मँडराते
पर्वती ताल के पास पत्तों पर...

लेकिन अब नीली-हरी आभा
फीकी हो गयी है
हम लौट आये हैं
अजानी आशंका में।

यही है क्या बन्धुता
एकान्तों का मिलन?

अचानक धुन्ध

नींबुई पहाड़, नीले की ओर उठता
हिमालयी देवदार की मायावी नीलिमा—
खेतों का अयास विस्तार,
गहरी पीली हरियाली—मटिया
तीन अकेले पहाड़ी पीपल
जीर्ण झबरा बिखरता शहतूत,
बादलों का उड़ाऊ कोष।
श्वेत-भूरी धुन्ध, विरल, पर घनी होती हुई
एक सपना हो जैसे
मूर्त होने-होने को।

यह सब जाना है मैंने
आँखों से अपनी
स्पन्दित धमनियों में,
मुझे जानना चाहिये था तुम्हें
लेटे हुए मेरे पास, पर नहीं
साथ था मैं तो उनके
प्रकाश खो गया अँधेरे में
मर गया सपना
किन्तु उन के साथ था मैं तो अभी भी
तुम्हारे साथ नहीं था मैं।

सौदामिनी की दमक में देखा अचानक
उन्हीं के साथ थीं तुम स्वयं
तुम्हारा चेहरा नीचे था चाहे
मेरे चेहरे के
कमल-नाल से लटकी कोई पाँखुरी जैसे।

तब मैं अपने व्यग्र हाथों में
थाम लेता हूँ तुम्हारा हाथ
और आ कर अचानक धुन्ध
समेट लेती है अपने में हमें।

ख़ुश हूँ तुम्हारे लिये

ख़ुश हूँ मैं तुम्हारे लिये
ठीक वह क्षण खोज लिया है मैंने
जब मैं तुम्हें भूला था।

एक गर्वीली मुस्कान के साथ
मुक्त कर दिया था तुमने मुझे
अपने से;
हवा में सरसराता सधा बाण
भूल गया हो जो धनुष को।

गतिमान विस्मृति,
मैं ख़ुश हूँ तुम्हारे लिये।

पहचान

तुम्हारे जूड़े के ढीले होते ही
मानो विस्मयकारी, जीवन्त स्पर्श
याद की तरह तीक्ष्ण
तुम्हारे सुगन्धित केशों से आया
नासापुटों तक मेरे
और मैंने पहचान लिया तुम को
अटल पहचान;
किन्तु एक ही क्षण
और गुज़र गया वह
गुज़र गयी हो मानो
पुनर्जाग्रत मन की पावनता
हलका संकेत करती हुई।
और तब वह एक क्षण।
हिंस्त्र तेज़ी के साथ, दानव-तुल्य
घूम गया सिर
मापता हुआ खगोलीय काल का विस्तार
क्षीण निस्तेज हो कर
हो गया बेघर
मर गया वह क्षण
और फिर निरुद्देश्य हवा का झोंका
आता हुआ आवारा

उस केशराशि से
घेरे है जो तुम्हारा चेहरा
वैसा ही है जो
अन्य चेहरों की ख़ातिर
एक मानव के लिए
ज्यों दूसरा मानव—
शाश्वत पृथक्!

सूर्यास्त

साज-सज्जा :
सुनहली मेघ पाँखें :
एकाकी सत्य की तरह
केवल लाल गोला—
गर्वीला मुख
छुपाये है—
कौन-सी दुनिया ईश्वर जाने
व्यथा का बोझ।

एकाकीपन

बिस्कुट और कॉफ़ी :
एक निस्तब्ध दैवी चेहरे की उलझन में
क्षुधित आँखें खोजतीं हुई
स्मृति-रेखाओं का प्रतिरूप
अचूक ब्योरेवार—

आँखें जो खोजती रहीं
और अब भी खोज में ही हैं
आँखें जिन्होंने पाया, बताया
और शान्त स्वीकार में हैं अब
आँखें—ज्ञान-कोटर—
ठहरी हुईं
अपने एकाकीपन में।

जाग्रति

तन्द्रालस चेतना में टहलते हुए
धीमे-धीमे तुम्हारे साथ
धुँधलके को प्रकाशित करते हुए
पौ फटने के साथ
आती है जाग्रति
खुलता है श्वेत नभपट—
विलय हो गया है प्रकाश
मेरी आँखों में।

छवि

वह छवि तुम्हीं हो शायद
जिसकी तलाश थी मुझे।
तुम वह अन्य आत्मछाया हो
जिसे मैंने चाहा है
जिस से लड़ा हूँ मैं।

कभी वह एक केशराशि है
कभी ऊर्ध्वमुख रूप
कभी वह एक सदास्मृत व्यथा
धीमी सुगन्ध में जाग्रत;
कभी वह एक गोलाई का
दूसरी गोलाई से
संगति का रोमांच,
और कभी जब आत्मा बढ़ती है
अस्तित्व के वृहत्तर क्रोड़ की ओर
वह सोते में भीगती घासों में है
या बाँध के जलद्वार से सुरसुराते जल में

शायद यह ख़याल मधुर लगे तुम को
और गर्वीली हो जाओ तुम शायद
मेरी इन कल्पनाओं से—

नयी नहीं है एक भी इन में—
तुम्हें लगता है
जादुई छड़ी हो तुम
जिसकी इच्छाएँ प्रभु हैं
आत्मविस्मृत अस्तित्व की मेरे
मनोहर मापक
माप लेता है जो मेरी दुनिया का
धूप-छाँही वस्त्र।
समुचित और पूर्णतया संगत
किसी सिंड्रोला शीशे से बना।

यही है तात्पर्य मेरा : क्योंकि मैं जानता हूँ
जब खण्डित-मन आधुनिक मानव की
अपने आत्मप्रेम में अन्तर्जात घृणा
जकड़ लेती है अनायास मुझ को, अकेले
और थरथराती बाढ़ मेरे अंह की
—कामना की फैलती किरणें—
आ मिल जाती हुई अन्त में एक केन्द्र पर :
एक अर्धगुप्त, उदण्ड आग,
पूर्णकीट, दीपित करती तुम्हारा रूप।

लेकिन क्या हो
जो मेरे अन्दर की तीव्र बेकसी
गहरा कर धाराओं को बाहर निकाल दे
जिनके साथ क्षुधित सपने
अपने को खोजें निरन्तर :
क्या बुरा लगेगा तुम्हें
क्या मैं असफल हो गया होऊँगा

धुन्ध यदि सघन हो जाये
छू लूँ मैं उस पूर्ण की प्रतिकृति—
सिलखड़ी गर्दनों पर नीली नसें
सारे आकाश, अनूठे अन्तरंग
सुडौल उरोजों के बीच—
नितम्बों की तरंगित चाल
(मानो संगमरमर, स्फटिक, आबनूस में
उत्कीर्ण)—
क्या हो यदि छाया-आत्म
किन्हीं अन्य साँसों की गन्ध में हो
शायद अन्य अधरों के स्वाद में :
शायद गुप्त सीपी में रहस्य के
पक रहे मोती?
क्या सब कुछ उस से बदल जायेगा
खो देगा प्यार मेरा सचाई अपनी
हो जायेंगी प्रतिज्ञायें सभी झूठी
मेरा स्वर्ण क्या पीतल हो जायेगा?

मैंने नहीं गाया उस के लिए

मैंने नहीं गाया उस के लिए
ज़रूरत भी नहीं थी।
जब चाँद नीचे झुक आया
फ़रवरी के पत्तों की ज़र्द खड़खड़ाहट
हो गयी चुप
और बूढ़ी हवा ठिठुर कर थम गयी,
सब कुछ खोया हुआ शाखों में,
हमारी साँसें अचानक
मौन के शीर्ष पर :
हम ने जाना
प्रेमगीत है मौन स्वयं अब।

घोषणा

निर्मल अग्निदाह में
निष्प्राण बोझ से लपलपाती
उठ रही लपटें—
मृत्यु की कटु परिणति यह बुझा देती
जीवन की बढ़ती प्रकाश-किरणें
नवसृष्टि की त्वरित ज्वाला—
अन्तों से है नया आरम्भ
अन्तों के अन्त से भी।

हाथ थामे
और थामने में पूर्ण होता है
दोहरा एक विधान,
आओ, सुफल कर दो अचिर ज्वाला यह
लोहा सुर्ख़ है जब तक
और स्फुलिंग फूटते हैं :
धरती सिहरती है वृन्त पर
नर्गिस के तीन फूलों में।
नहीं, कोई फरिश्ता नहीं
स्रष्टा ईश्वर कर रहा है स्वयं :
घोषणा आद्य सत्य की।